Lucien Scheer

Le lac blanc

Recueil de Poèmes

© 2021, Lucien Scheer
Édition : BoD-Books on Demand,
12/14 rond-point des Champs-Élysées,
75008 Paris.

Impression : BoD-Books on Demand
Norderstedt, Allemagne

ISBN : 978-2-3221-5563-7

Dépôt légal : Juin 2021

A mes lecteurs

*Je vous emmène en balade le long
de ce lac paisible
où une cascade de mots caresse l'onde.*

*A coups de virgules et de points
je sème des syllabes, des voyelles,
j'en fais des bouquets.*

*Au cours de cette promenade, je suis votre
guide, de la nostalgie du passé, de l'amitié, de
l'amour,
j'éclaire l'ombre du monde,
j'écris la beauté de la vie.*

Remerciements

A Hilde,
ma Muse,
qui a cueilli ces étoiles.

A Louis Désir,
Pour son soutien informatique
Sa mise en page et
le design de la couverture.

A Célia Margérard,
pour sa photo de couverture
Office de Tourisme
de la Vallée de Chamonix-Mont-Blanc.

Avant-propos

*La montagne , rêve de liberté; comme la vie parsemée de sommets, de vallées, de chemins secrets.
Des alpinistes au risque de leur vie ont atteint ces pics et ont planté le drapeau de leurs exploits.*

La beauté de ces sommets a inspiré beaucoup d'écrivains.

*"L'ivresse venue nous nous coucherons avec le ciel pour couverture et la terre pour oreiller"
Li Bai /Poète /Chine 701/762*

*«La poésie est une plante libre; elle croit là où on ne la sème pas. Le poète n'est pas autre chose que le botaniste patient qui gravit les montagnes pour aller la cueillir.
Gustave Flaubert/Lettre à Louise Colet»*

La montagne

D'un rideau rouge,
La tête dans le ciel,
D'un linceul couverte
Un aigle au sommet.

Battue par le vent,
De ces pics usés
Perle des larmes de cristaux.

Sous le silence de la neige,
Dans l'ombre des paroles
Des âmes prient.

Du baiser de la lune,
Sur un coussin d'or
Dans les bras de Morphée
Le soleil s'endort.

Les mains

Dans le silence de la nuit
Mes mains esseulées
Perdues dans le brume
Cherchent le chemin de ton coeur.

Entre mes doigts
Les étoiles glissent
Comme une pluie fine
Que je ne peux saisir.

A la lueur du jour
Nos doigts s'effleurent,
Cherchent nos visages,
Se perlent de rosée
A l'envie d'un baiser.

Nos mains se racontent
Les rêves de la nuit,
Se tiennent, se caressent,
Se parlent
S'ouvrent,
Comme les roses au printemps
Pour donner leur beauté.

Lever de soleil

A l'ombre de ma plume
Sans pudeur,
Il ouvre les persiennes
Des tristesses de l'hiver
Balaie la brume.

Tes yeux endormis
S'éclairent de bonheur,
Les fenêtres s'ouvrent.

De son ardeur
Il te séduit d'un sourire.
Et les jeunes filles timides
Rougissent à ses avances.

Tout est beau
La maison rit,
Tu ouvres la porte,
Les murs s'éclairent.
La joie de vivre.

Les ruisseaux chantent,
Rêvent d'un arc-en-ciel,
Je me baigne dans tes yeux.

Bouquet de Lys

Rouge de ma passion,
Rose de sa tendresse,
Orange de mes désirs,
Blanc de notre jeunesse,
Je lui ai offert ce bouquet de lys.

D'une symphonie de couleurs,
Ils ouvrent leur corolle
Enivrés de beauté.
D'une voie lactée.

Aux parfums de l'enfance,
D'un conte de Grimm
Oublie le temps de l'hiver.
Fleur héraldique, fierté
Du blason des Rois de France,
Envoûte nos rêves
Des Mille et Une Nuits.

Poème pour elle

Quelques mots d'amour
D'un papillon à une rose
Du soleil à la terre,
Des étoiles à tes rêves.

Quelques mots d'amour
Que parfois j'ai oubliés.

De tes yeux
Que je n'ai pas regardés.
De ton sourire
Que j'ai perdu dans l'ombre.

Ces mots
Qui ouvrent le cœur,
Qui font fleurir le bonheur.

Ces lèvres qui veulent embrasser,
Ces bras qui veulent enlacer.
Quelques mots d'amour

D'un oiseau dans son nid
D'une étoile dans le ciel.
Quelques mots d'amour
Que parfois j'ai oubliés.

Avec le temps..

Lentement
Le chemin de la jeunesse
S'estompe.

Comme le soleil
D'une journée d'été,
Quand le ciel se colore
D'orange et de pourpre.
Éclaire nos yeux.

Des souvenirs,
Des étoiles,
Qui bien avant nous
Brillaient dans le firmament.

Les pas

Seul,
Je marche à côté de ma vie
Peur de là perdre,
Je lui donne la main.

A l'ombre du passé
Tels des fantômes,
Mes souvenirs me suivent.

A chaque pas,
Les pierres roulent
Comme le temps se figent.

La terre lourde
Moule mes pas
D'une sculpture éphémère.

A l'aube du jour
Dans la brume des mots,
J'écris mes rêves.

La veilleuse

A l'ombre de nos rêves
Une petite flamme vacille,
Nous rappelle
Les joies de notre enfance,
Nos yeux étoilés
Dans l'inconscience du temps.

Au crépuscule de la vie,
Nos habitudes oublient.

Nos mains cherchent
Dans l'indifférence du temps,
Quelques mots qui brillent
Qui réchauffent nos lèvres,
D'un "je t'aime ".

Oriflamme de notre vie,
Une petite flamme vacille,
Aussi fragile qu'une rose
Aussi fidèle qu'une hirondelle.

Le lac blanc

Comme mes rêves
Emportés par les anges
Dans un nuage blanc.

De quelques larmes de rosée,
D'un dernier baiser
Comme l'écume de la mer.

D'un poème de flocons
Dans le silence ,
De quelques notes blanches
La neige s'est endormie.

Et ce matin,
Sur l'oreiller
Je rêvais que tu m'aimais.

Et l'oiseau
Chantait le printemps.

Et le cygne
Glissait sur le lac blanc.

Adagio d'hiver

Elle jouait ces notes blanches
Comme la magie,
Ses doigts glissaient sur le clavier.

Dans le silence d'un soupir,
Le givre des branches
D'un allegro subtile
Se détachait.

Comme la manne céleste,
Saupoudrait le chant des oiseaux
De quelques notes noires.

Ses yeux obscurs
S'éclairaient de beauté
Comme un soleil d'hiver.

Frissons

Quelques mots creux
De la vallée de ton cœur
Tombent dans ma main.

Et ton rire résonne
D'un écho mystérieux
Dans le vide du temps.

La mélancolie
Des années oubliées
Glissent sur ton manteau de neige.

La brise de l'hiver
Souffle les flocons
De notre jeunesse.

Et nos mains
Dans le silence des souvenirs,
Caressent encore
Les frissons de nos doigts engourdis.

Après nous

La neige sera toujours blanche
Après la pluie le beau temps.
Après nous le déluge.
Comme l'hirondelle
Le printemps toujours revient.

Plus tard sera trop tard
Car le temps passe
Et l'horloge ne recule jamais.

Et aujourd'hui
C'est nous,
C'est l'espoir,
C'est le courage
D'une histoire que personne n'oubliera.

La vie

Une main qui se tend
Un mot aux rumeurs de l'aurore
Qui éclaire le jour.

Elle est un oiseau
Qui résonne la joie
Dans le silence de l'arbre.

Une inconnue,
Une âme incolore
Sur le chemin de nos rêves.

Un tableau
De souvenirs qui se perdent
Dans le silence du temps.

Le Mont Blanc

Au couchant du soleil
Quand le lac s'endort
S'enroule d'ouate blanche,
Les Aiguilles de l'Aigle,
S'allument de feu
De rose et de mauve.

Le vent tisse
Des dentelles de neige,
D'un dernier baiser aux étoiles,
Le géant sur son trône
D'or et d'ébène
S'endort dans les bras
du lac blanc.

Tu es ma femme

Quand je me perds,
Tu guides mon chemin.
Je te conjugue au présent ,
Je t'aime au futur,
Et les jours s'oublient.

Et les nuits
Quand les mots se perdent,
Couvrent les caresses de nos peaux,
Dans tes yeux
Mes rêves brillent.

Quand assis à tes côtés,
Dans le silence de notre romance
Je murmure ton cœur,
Tu tombes dans mes bras.

De nos étreintes
Le monde s'enivre,
Le soleil brille
Comme le visage des anges.

Les racines de l'espoir

Je suis ce vieil arbre
Qui tremble
Lors des tempêtes.

Dans la lutte pour la vie
De mes racines
J'ai tenu.

De mes jeunes pousses,
D'un ruisseau d'amour,
J'ai couvert ta jeunesse.

De ta solitude,
De tes branches de liberté,
De ta révolte,
Cueille mes feuilles.

Donne à ceux que tu aimes
Des ailes pour voler.
Laisse mes racines
S'accrocher au profond de la terre.
Que fleurissent mes rêves.

Pense à moi
A mon histoire,
Qui sera un jour la tienne.

Féerie d'hiver

Sous un ciel bleu
Les arbres se déshabillent.
De leur voile de neige
Comme une pucelle
Offrent leur beauté.

Au miroir d'une lune blanche.
Les oiseaux dansent
Dessinent dans la neige
Des arabesques mystérieuses.

Les enfants cueillent la neige
D'illusions, de magie,
Les yeux plein d'étoiles
Piaillent de bonheur.

Les anges pleurent
Quelques larmes d'amour
D'un Noël disparu
Comme une étoile filante,
Comme une goutte de rosée,
Comme un rêve.

Amour perdu

Seule
De grand matin sur le chemin
Pas un copain,
Pour te prendre la main.
Avec au cœur un grand chagrin.

Ce n'est rien, ce n'est rien.
Hier tu me quittais
Entre les lèvres un refrain.

Quelqu'un coupait ta route de chance,
Tu avais cru retrouver le bonheur.

Te voilà sur la route,
Désemparée.

Il t'avait donné son amour
Et l'avait juré pour toujours.
Ce n'est rien, ce n'est rien.

Le sable fin de la plage
Glisse entre les mains.
Bien des amours du bord de mer
Ne passe pas l'hiver.
Le tien y a trouvé sa fin.

Il neige

Il neige dans mon jardin
Il neige mes rêves d'enfant
D'un Noël presque oublié.

Il neige le temps passé
De mes pas qui s'effacent.
Et mon âme solitaire
Pleure des sanglots de flocons
Qui fondent au soleil.

S'éclairent d'un baiser
De Blanche Neige.

Tombe, Tombe
Flocons d'amour,
Flocons de rêves.

L'ennui

Ce pendule vêtu de gris
Oscille entre les rêves et les doutes,
De droite à gauche,
Les minutes s'écoulent,
Les heures s'allongent.

Comme une autoroute sans sortie,
Comme un train sans gare.

Quand je ne pense plus,
Que le temps s'enfuit,
Que chaque jour est le même.

Ce banc qui s'ennuie,
Cette cathédrale vide
Aux statues endormies
Que le démon a fuit.

Dans le silence
Invisible, il épie ma vie.

Je ne sais pas

Suis-je
Suis-je encore,
Ne suis-je plus.
Serai-je encore ?

Des chiffres chaque jour,
Ceux qui partent,
Ceux qui pourraient partir.

Et pourtant je t'aime...
Je peux vivre encore,
Je peux aimer encore,
Je peux sourire encore.

Et pourquoi pas moi ?

Strip-tease

Quand tu es praline,
Que de ta robe satine
Tu dénoues le ruban.

De mes faiblesses
Tu abuses...
D'un strip-tease
Tu te dérobes.

Tu dévoiles ton cœur sucré
Au goût d'amante.

Je ne peux résister
A ton baiser savoureux
Au fondant de chocolat.

D'une touche d'amertume,
De rêves soyeux et doux,
Tu éveilles mes passions.

D'une fée de cacao
Sensuelle et profonde,
Tu caresses mes papilles.
D'une extase...
Tu me pousses au péché.

La tourmente

Cette année moribonde
Qui doucement s'éteint
D'une bougie de Noël,
Vacille comme nos vies.

Ces souvenirs,
Dont les larmes
Pleurent dans les étoiles,
Le vent les emportera.

Le poids des heures trop longues,
La détresse de nos mains
Qui ne peuvent caresser,
La détresse de nos âmes.

Comme une musique profonde,
Que nous ne pouvons oublier.
Le vent les portera.

Une année nouvelle,
Les mains s'enlacent,
Les lèvres s'embrassent.

Et les hommes parlent
Pour mieux s'aimer.
Et le vent écoute..

Partir

C'est laisser,
Un peu de soi-même,
Un bouquet de fleur,
Un dernier poème.

C'est un rêve inachevé,
Des chemins oubliés.

A l'ombre du temps.
Quelques traces de pas,
D'un promeneur solitaire
Sous le soleil couchant.

Le poème inachevé

Et Dieu...
Créa la femme.
D'un fruit savoureux
A la saveur d'une pêche
Habilla son cœur.

Et moi..
Je l'aime d'un poème.
Sur ses lèvres, je colore le printemps,
J'éclaire ses yeux de ciel bleu.

Ses mains sont les miennes,
Quand je les touche
Je sens ses rêves.
Quand les yeux fermés,
Je respire le parfum de sa peau.
Je vois les étoiles .
Comme un voilier
Au vent du matin,
J'éclaire les ténèbres de ses yeux.

Et Aragon a écrit...
"Ses yeux sont si profond
quand je me penche pour boire
J'ai vu tous les soleils y venir se mirer "

Le flambeau

Être cette flamme
Qui ne s'éteint jamais
Cet athlète, qui
De son âme
Donne le meilleur.

Être l'espoir
Qui jamais ne perd
Dont la limite est l'inconnu.

Être pour ceux
Qui jamais
N'ont reçu cette flamme.

Être seulement
Un humain
Pour donner l'Amour
Sans recevoir en retour.

Lego

Avant que le temps
Efface le temps.

Avant que le ciel oublie,
Que la porte se ferme.
D'un océan de souvenirs
Sur les rivages de mon enfance.

Pièce par pièce,
Brique par brique
J'ai construit mes rêves.

D'imaginaire, de fantasmes,
Ces mots, ces visages,
De toutes les couleurs

Indélébile de ma mémoire.
Selon mes joies et mes peines
A chaque saison de ma vie,
J'ai ajouté des blocs
Dont un enfant un jour
Construira ses rêves.

Aime-moi

Enivre-moi de toi
De ces mots
Qui bouleversent.

Aime-moi
Dans le présent
Dans le passé
Dans le néant.

Comme un volcan
Brûle-moi.

Comme le vent
Emporte- moi.

Aime-moi
Redis-le-moi
Que jamais
Je ne l'oublie.

*« Aime-moi »
Car sans toi
Rien ne puis
Rien ne suis »

*Paul Verlaine

Imagine

Qu'il n'y a que le ciel,
Que la terre n'existe pas,
Que les nuages sont des voiliers.

Imagine
Que l'amour ne meurt jamais
Que je suis dans le ciel
Que les étoiles rêvent de toi.

Imagine
Que libre comme l'oiseau
A chaque printemps tu reviens.
Que la mer nous emporte,
Que nos âmes s'aiment
Sur une plage de sable blanc.

En mémoire de John Lennon
assassiné le 8 décembre 1980

Thriller

Entre l'âme et le corps
Dans un bras de mer
La tempête se déchaîne.

Ma vie s'écoule
Comme une mer tranquille
Bercée par les marées.

Que de plaisirs
D'exister,
De contempler,
De s'émerveiller.

De cette Nature
Qui ne cesse d'exister,
De cet Univers infini.

Mes souvenirs,
Comme un jeu de dames,
De cases blanches et noires
Dont je déplace les pions
Selon mon humeur.

Comme un thriller
Dont je tourne lentement les pages
Peur d'oublier une intrigue.

Quand

C'est moi
Quand c'est toi,
Que les mots
Ne se comprennent pas.

Que les virgules,
Que les points
Se perdent.
Que je ne comprends pas.

Quand je veux,
Que tu ne veux pas,
Que je ne comprends pas.

Que dans la nuit
Mes doigts cherchent
La clef de ton cœur.

Quand le matin
Je t'aime
Que j'oublie la nuit.

Seul

Ces souffrances,
Ces déchirements
D'une vie qui nous quitte.
Que le temps d'aimer,
Que le temps de rêver,
Se sont enfuis trop tôt.

Dans une chambre
Dans le silence
Désespéré.

Seul,
J'ouvre les mains,
Je ne sens que le vent
Dans l'ombre de mes larmes.

Les souvenirs
Jamais ne me quittent,
A chaque pas, me suivent.
L'un contre l'autre se serrent.

L'arbre

Comme l'oiseau,
Au printemps
Cherche son nid.
Ce nid de douceur
Où repose les branches
De sa vie.

Ces racines d'où nous venons,
De ce jardin au fond de notre âme.

A chaque saison,
Il faut semer,
Cueillir les bouquets.

Se souvenir,
D'un visage qui nous ressemble
D'un mot,
D'un sourire,
D'un grand-père, d'une grand-mère,
D'une photo en noir et blanc.

Nature morte

Une fenêtre se ferme,
Une bougie s'ennuie
Vacillante, s'éteint dans la nuit.

Les arbres en pleurs
Essuient leurs larmes.
De quelques feuilles mortes
Les clochers se taisent.
Parfois on entend
Le coucou d'un petit vieux.

Un avion désœuvré,
Dans les nuages
Cherche quelques voyageurs.

Comme les montagnes russes,
Les bourses montent et descendent.
Des vapeurs d'argent
Scintillent dans le brouillard.
La terre pleure,
Chaque jour le décompte
Des chiffres sans visage.
Ce matin,
J'ouvre la fenêtre
Le ciel est bleu,
Un enfant cueille une rose.

Périple d'une larme

D'un chagrin qui se noie
D'une goutte d'eau
Qui s'évapore
Se taille un diamant.

L'amour,
C'est le feu, c'est l'eau
Ces vagues tumultueuses
Qui creusent la pierre
Aux profondeurs de l'âme.
Goutte à goutte
Notre vie s'écoule,
Serpente sous les ponts.

Ce que nous disons,
Ce que nous écrivons,
Ces gouttes d'eau
Dans l'océan resteront.

Nous réalisons que ce que nous accomplissons
n'est qu'une goutte d'eau dans l'océan des
besoins
mais une goutte d'eau qui aurait manqué à
l'océan
si elle n'avait pas été là.
Mère Teresa

L'âme du poète

Quand au soir de l'automne,
Les feuilles caressent la terre nue,
Que d'une courbe la lune
se déshabille,
Je dessine son ombre.

Frissonnante,
Sous les doigts de ma plume,
Cachée derrière le voile d'un poème
Je l'emporte aux nues,
Je la couvre de tendresse.

Dans la solitude nue,
Des lèvres sans baisers,
Des mains sans amants,
je contemple sa beauté.

Adagio d'ombre et de lumière

Au soleil couchant
Quand j'ouvre les yeux
Quand j'aime

A la poursuite
D'une goutte de lumière.
Il y a quelque chose

Un poème,
Une rose,
Une étincelle,
Un éclat de vie.

Quand je ferme les yeux,
Dans l'obscurité
Des visages tristes,
Des yeux noirs,
Des cœurs blessés
Qui ne peuvent plus aimer.

Pour eux, aucun rayon de lumière
Dans l'ombre
Du passé, du présent,
Les ténèbres immuables
Ferment le ciel.
L'univers n'a plus d'étoiles.

Nous pour eux

Nous écrirons leur nom
Nous vaincrons
De leur courage,

De leur détresse,
Nous raconterons
A nos enfants,
Petits enfants .

Leur silence
Leur visage sans regard
Avant le départ.

Dans le sable blanc,
De leur tendresse,
De leurs souvenirs.

Nous cueillerons une rose
Une larme de rosée dans les yeux .
Nous aimerons mieux qu'avant.

Combien d'étoiles?

Dessinent le visage
Des êtres aimés,
Quand la nuit le ciel s'ouvre.

Que la lumière jaillit
De leurs amours.
Que de nos souvenirs,

De leurs rêves,
Fleurit le jardin de nos larmes.
Gravent leur image dans nos yeux.

D'une fleur au printemps,
D'un bouquet d'une rose
Au parfum de l'amour.

Un ange au paradis,
Chaque nuit,
Une étoile brille.

Tant

Que je pourrai
Joindre les doigts
Les croiser en prière.

Tant que je serai
Que mes larmes couleront
De tristesse ou de joie,
Je prierai.

Quand je ne serai plus,
Que mes genoux,
Sous l'amour
A jamais ne se plieront.

D'un Dieu
Que je ne connais pas,
Je prierai la terre.

De l'enfant qui naît
J'embrasserai la mer
Et mes rêves seront prières.

Brouillard

On dirait que les nuages tombent,
Si tristes, si lourds, si sombres
Comme un chagrin d'amour.
Immobiles, silencieux
Comme une tombe oubliée,
Ils figent le temps.

Les âmes sans visage
Comme des fantômes,
Couvertes d'un drap blanc
Les bras à l'infini,
Cherchent l'éternité.

Les mots ne parlent plus,
Les mâts se dévoilent,
Se perdent dans la mer.

Tel un navire sans boussole
Aveugle, nous cherchons
La lumière d'un phare,
La bouée de sauvetage,
La main qui se tend,

Dans l'ombre de notre amertume
Quand le brouillard se dissipe.

Le chemin

Multiple sont les routes
Au hasard d'une brise
Notre vie change.

D'un instant de bonheur
Si fragile
Des rêves se créent
Se perdent en chemin.

Le temps passe
Les chemins s'effacent
A chaque vallée, une montée,

D'aimer,
De souffrir,
De sourire,
Tel est notre destin.

Citation: Le chemin le plus long qu'un homme ait à parcourir au cours de sa vie est le chemin allant de la tête à son cœur.
(proverbe indien)

Balade en liberté

Ma vie est une alouette
Ivre de liberté.
Au hasard de le brise
Mes rêves voltigent.

Quand les étoiles se perdent.
D'un arc-en-ciel,
Je cueille quelques gouttes de couleur
Que je cache sous un nuage
Pour oublier les jours sombres.

Ainsi, une pluie fine
D'une musique douce
Berce mes souvenirs.

De mes rires, de mes larmes,
De mes passions,
A chaque saison
Une alouette chante.

La rose d'automne

Sous la lune,
Une rose perdue
Rêve des amants de l'été.

Une rose oubliée
Entourée de feuilles mortes
Attend les doigts
A la douceur d'une caresse.

Une larme de rosée
A la fraîcheur du bonheur.
Une rose frileuse
Balance sa solitude.

La pluie démaquille
Sa beauté de printemps.
Son cœur se ferme
Aux rigueurs du vent.

S'effeuillent ses souvenirs.
Sous les soupirs d'un vieux chêne,
Une rose attend
Le regard amoureux
De la lune au couchant.

Ode

Je suis un baladin
J'éclaire votre rue
D'une lanterne le matin.

De quelques magies
J'ouvre vos yeux endormis
De quelques notes de rosée.

Je suis un baladin
Serein, je chante
D'une sérénade,
Je caresse votre coeur.

Sur un fil,
D'un arc-en-ciel je vous habille,
D'un rayon de soleil,
De votre jardin secret
De quelques vers,
Je vous séduis.

La feuille blanche

Sur le chemin de ma vie
Assis sur un banc,
Je prends le temps de penser.

A la table du pain quotidien,
Je recueille les miettes
Des mots oubliés.

Générosité,
Gentillesse,
Tolérance.
Des mots que le temps a usés.

Les dizaines se décomptent,
Les années s'affolent.
Des valeurs, des principes
Que le monde a effacés.

Il me reste une feuille blanche,
Il me reste le lendemain,
Il me reste l'espoir.

La poésie

Une barque fragile
Au fil de l'eau
Qui chante des vers.

De grands poètes, disparus
Dont résonne encore,
Des rimes que la mémoire
A gravé à jamais.

De la beauté d'une feuille
Aux courbes graciles,
D'une arbre qui se penche.

Comme un mère ,
Caresse des yeux,
L'enfant dans le berceau.

Le torrent de la vie
Souvent emporte les pierres.
Les mots d'amours se perdent
Dans l'écume des vagues.

J'écris des mots,
Des mots qui tourbillonnent
Comme les feuillent d'automne.

La dernière branche

Comme les branches d'un chêne
Ma vie s'est attachée
A ceux que j'aimais.

De ces branches
Par le temps
Usées, meurtries, déchirées.

Plus que le ciel
Elles embrassent la terre
Je suis le nœud de ce bois.

Il ne me reste que quelques branches
Pour aimer, pour écouter
Le bruissement du vent.

Entre les lignes

Le poète rêve, s'endort,
D'une rime se réveille.
D'une hirondelle,
Voyage dans le ciel.

D'une demoiselle
Au printemps de rose
Cueille une fleur.

De points et de virgules
Se perd dans les étoiles.
D'un acrostiche d'amour
Déclare sa flamme.

Je vous écris

Pour vous dire " je t'aime "
Je peux vous aimer
Sans vous connaître.
Chaque femme
Chaque homme,

Comme une Déesse
Comme un Dieu
Dans le ciel

Ecrivent des que je t'aime.
Les oiseaux chantent,
Les roses fleurissent.
Sans vous connaître.

Vos aïeux des « je t'aime »
Vous ont aimés.

Si j'avais un marteau

Il est un de ces artistes
Qui d'une guitare
D'une Bamba
A fait danser ma jeunesse.

D'un marteau, d'une cloche
Que je ne peux oublier
A construit l'amitié, l'amour
La famille.

Expatrié dans la pauvreté
Des yeux de soleil
Léger comme le bonheur.

La richesse de la pauvreté
Quel que soit le pays
D'un sourire a aimé
Adieu
A la trinité.

Canicule

Ardeur du soleil
L'air immobile,
Lourd comme le plomb
Ecrase les toits.

La sueur coule des fronts
Qui ne pensent plus.

Sur les épaules dénudées,
Rougissantes, aux crèmes parfumées
D'une Petite Musique de Nuit
Les moustiques dégustent.

Les arbres de lassitude
Baissent les bras.
Les parapluies s'ennuient,
Broient le noir.

Les parasols s'ouvrent
De toutes les couleurs,
Indiscrets écoutent les secrets.

Des ombres sensuelles dénudent les corps.
Silence d'Ô,
Quelques fontaines romantiques
Pleurent leurs amours perdus.

Que je sois

Oublié, vénéré
D'un bateau ivre,
D'un rêve inachevé,
Sombrent mes jours.

Assis sur un banc
Je suis le vent.
Sur les flots bleus,
J'ai cherché un port
Comme celui de tes yeux.

Ce que j'ai écrit
Du passé, du présent,
Peu importe le temps,

L'heure frappe à ma porte,
"Autant en emporte le vent"

Être femme, être homme

L'amour est ce rayon de lumière
Dans la nuit, l'apesanteur.
De grâce, de charme, de noblesse
Quand une femme pleure
De ces larmes de l'âme
Que l'homme ne connaît pas.

Que la beauté, que le parfum,
Que l'amour volatile
Se vident dans des baisers futiles.

Quand l'homme,
Oublie ce corps
Qui a donné la vie.

Être femme
Être homme pour s'aimer.

Ils disent

Des mots que je ne comprends pas,
Des mots qui ne parlent pas,
Des mots que je n'entends pas.

Des mots qui font mal,
Qui ferment les portes,
Qui dressent des murs.

Pourtant,
Quand la terre se tait
Que les éclairs déchirent le ciel.

Dans le silence,
Sans mots, sans paroles
J'entends.

Ces mots aux parfums de jasmin
qui rêvent au soleil couchant.
Ces mots qui ne sont que musique
qui dansent sur les montagnes.
Ces mots qui ne sont que colombes
qui s'envolent dans le ciel.

Tu n'es pas

Cette rose
Que je cueille le matin
Cette perle de rosée.

Tu n'es pas les rêves
De mes poèmes,
Mais tu es là,
Tu es partout.

Tu es en moi,
Où je suis,
Tu es.

Tes mots sont les miens,
Ton baiser est le mien,
Tes larmes sont les miennes.

Ma plume

Oublions les rimes,
Pose l'encre de mon cœur
Sur une feuille blanche.

Des mots, des ratures,
Des déchirures.
Des feuilles chiffonnées,
A l'automne de ma vie,
Tombent et se meurent.

Solitude, de noir et de blanc,
Mots de couleur s'évaporent,
Combien mon âme pleure.

Mes poèmes

Sont ces gouttes d'eau
Qui tombent dans le désert
D'un oasis de paix.

La nature se réveille,
Les ennemis s'aiment,
Les sources jaillissent.

Main dans la main
Les rivières chantent,
Aiment les fleuves
Et la mer divague.

Du bonheur de la terre
Coule la vie
De mes poèmes
Coule le temps.

L'amour

Comme la flamme d'une bougie
Vacille selon le vent
Il chante la vie en bleu.

Je t'aime
Ce mot de deux syllabes
Que l'on aime entendre.

Je rêve de toi,
Loin de toi mes nuits sont noires,
Que serais-je sans toi ?

Flamme de ma vie
Tu embrases mon cœur,
En lettres de feu
J'écrirai ton nom.

Je cueillerai tes yeux
Comme les cerises au printemps.
Je t'aimerai toujours,
Garde moi dans tes bras.

La solitude

Il ouvre la porte
De cette maison trop grande,
Tout est silence
Rien ne bouge
Rien ne sourit.

La poussière du temps passé
Figée de souvenirs,
Quelques traces de doigts
D'une main enlacée.

Tout est rangé
La porte s'ennuie,
De quelques soupirs
Se referme sur sa vie.
Et chaque jour
Les nuits sont si longues.

Pin-up girl

D'une pleine lune
De notes sensuelles
Un violon rêvait.

Quand ton regard de braise
Dessinait des ombres chinoises
Sur le miroir de la nuit.

Courbes infinies,
Résille de bas noirs
Démon de minuit,
Diablesse ,
Que de merveilleux fantasmes !

La bibliothèque

Un rayon de soleil
Elle ouvre ses portes,
Des dos apparaissent
De toutes les couleurs.

Certains courbés par la vieillesse.
Entre les pages jaunies,
Ombre et lumière
Se mélangent.

Thriller, romans à l'eau de rose
Poèmes et proses.
Quelques vers s'échappent,
D'autres plus frileux
Se blottissent les uns contre les autres.

Comme des âmes
Au départ d'un long voyage,
Peur d'être oubliées.

Être beauté

Comme un paysage
Qui se donne aux saisons.
Comme un visage
Qui s'ouvre à la tendresse.

Être beauté
Comme une peinture
Dont les yeux ouvrent l'âme.
Comme une harpe
Au cristal de tes yeux.

Être pour aimer.
Cette aventure de notre vie,
Être l'aurore,
Être l'enfant,
Être l'oiseau,
Être le ciel.

Un jeu d'ombre et de lumière
Entre nuages et soleil
Être Poète.

Le refuge du Poète

Seul avec ses rêves
Dans le silence
Les lys irisent sa plume.

D'une danse sensuelle
Sans pudeur,
Ils ouvrent leur cœur.

De parfums aux fragrances de miel
Erotisent les abeilles.

De ses vers libres aux rimes gracieuses,
Les hirondelles
Prennent leur envol
Vers des cieux inconnus.

Pleine lune

La nuit assoupie
Bruissement de soie
Volupté de satin.

Ton regard de velours
Vénus enlace nos corps.
Un violon sensuel,
Cueille les notes
Qui se meurent
Dans le silence de la mer.

L'arbre murmure

*Des poèmes
Que le terre écrit
Dans le ciel

« * Kahlil Gibran »

Parfois ils parlent,
Des saisons et du temps
De nos désirs.

Comme une femme,
Comme la nature,
Comme l'amour.

D'un renouveau,
D'un rêve
Qui fait jaillir la vie.

Comme le printemps
Comme un enfant,
Ces poèmes de la terre
Le dernier vers revient
Chantent le ciel.

Ecrire

Des mots
Que l'on a oubliés
Que l'on n'a osés dire.
De ces mots
Qui ont fait mal
Que l'on ne peut oublier.

Ecrire
Pour aimer les étoiles
Pour regarder une rose.
Ecrire pour le ciel
Pour un arc-en-ciel
Qui ne dure qu'un instant.

Ecrire
Pour le temps
Qui jamais ne revient.
Pour pleurer,
Pour aimer ceux qu'on n'aime pas,
Ceux que l'on a oubliés.

Ecrire
Pour le soleil
Pour le silence
Pour quelques vers,
Pour exister.

A ton réveil

Que tes yeux sont beaux
Quand le jour se lève,
Que mes rêves ont voyagé.

Quand je renaît d'une nuit infinie
Entre enfer et paradis,
Où perdu je cherchais ta main.

Quand dans le noir,
Mes cauchemars m'emportaient.
Comme une étoile
Tu t'éloignais dans une autre monde.

Qu'il est bon de se retrouver
Quand ta main cueille la mienne,
Quand tes lèvres d'un sourire
Chassent les nuages,
Comme un premier baiser de lune.

Le violoniste bleu

De passions et de pleurs
Comme les cordes d'un violon
Son cœur vibre.

D'un archet
Glisse la tendresse
Effleure l'amour
Envoûte l'extase,
Aux couleurs de Chagall.

Des complaintes d'un peuple,
De printemps et d'oiseaux,
D'arbres bleus,
Il colore ma vie.

Mon âme est ce violon
Aux notes romantiques
De trémolos, de soupirs.

De Vivaldi, des quatre saisons
Aux beaux vers de Verlaine.

Où sont allées

Les âmes de ce village
De ma jeunesse,
Je les ai cherchées,

Perdues, je ne sais où ;
Mes souvenirs pleurent
Ces champs de blé
Aux parfums de tendresse.

De mes moissons de bonheur,
La beauté de la pierre
Qui taillait mon courage.

De ceux que j'ai aimés,
Le temps s'efface
Comme la craie sur une ardoise.

Ce village que j'ai tant aimé
De mes Ardennes,
Si chère que je ne peux oublier.

Le bus romantique

D'aller et retour,
Chaque jour
A l'heure précise
Sur le banc vert,
Elle attendait.

Dans la descente
Il freinait,
Descendait la vitre,
De la main
Envoyait un baiser.

Le bus vide
De soleil s'emplissait.

Dans la montée
Il accélérait,
Levait la vitre.

Sur le banc vert
Elle attendait son retour…
Ils s'aimaient.

Comment oublier

Le parfum d'une rose
Quand mon cœur repose
Sur le bout de tes lèvres.

Trouver le repos
Oublier les larmes
Quand la vie désarme.

Pourquoi le passé
Rappelle une fleur
Un sourire d'un instant.
D'un masque chasse.

Ces mots d'amour,
Comme les hirondelles
A chaque printemps
Nichent dans mon cœur.

La vigne rouge

Comme les sarments de vignes
Nouent leurs bras,
A chaque été
De soleil s'enivrent.

Comme la vie
De nos bras nous serrons
Ce qui nous est de plus cher.

Comme ces grappes voluptueuses
Nos rêves chantent,
De la vigne coule,
Ce vin de la terre.

Comme l'amour n'est que prière
Comme l'âme n'est qu'espoir.
Les vendanges de l'été

Quand nos doigts cueillent
Les dernières grappes,
Aimons, Buvons, Dansons
Cette coupe de bonheur
Du Grand Cru de notre vie.

Poker menteur

La terre s'est assombrie
Le temps s'est figé.
La fatalité d'un poker aux dés pipés
A ruiné les rêves insouciants.

Comme un tremblement de terre
De souffrances et de peur
Chaque jour le décompte des absents.

Et moi, je vis toujours
Comme un chant d'espérance.
Et moi, je veux renaître

Chaque matin, cueillir la vie
Serrer la main d'un ami.

Et moi, je ne veux pas oublier.
Mais, le présent, demain sera passé,
Du poker menteur
Il ne reste que les souvenirs
Des parties perdues.

La poésie

C'est cette goutte d'eau
Qui tombe dans le désert.
Brille un instant,
S'évapore en mirage,

Dans le désert muet.
C'est cette jeune ballerine
Qui d'une pointe s'élance
D'un rêve quitte la terre,
Voltige les ondes de son âme,

Du blanc de son enfance
De ses doigts cueille le ciel.
C'est ce sourire de la Joconde
Qui se détache du monde
Ce mot qui reste dans les yeux
Que l'on ne peut oublier.

Au son d'un violon

Comme une brise d'été
Tu enrobes de frissons
Les cordes de mon cœur.

D'une plume d'ange,
Tu berces mes souvenirs d'enfance
De murmures, de douceurs

De silences, pleurent
Le temps passé.
Des vagues nostalgiques
Glissent sur la plage de notre amour.

Mon âme me quitte,
Mon cœur vacille.
Je ne suis plus qu'une note
Qui lentement s'éteint
Dans le ciel étoilé.

Et pourtant...

Que de poètes
Que de peintres
Ont donné leur âme.

Pour un café,
Un bout de pain
Donner pour aimer.

L'amour, le sourire
Les yeux perdus dans le brouillard
Je t'écris ces rêves
Qui sont les tiens.

Si petit dans ce monde,
Comme je suis
Comme je resterai.

Ce bout de pain
Garde le,
A chaque printemps
Une rose fleurira.

L'attente

Quand le silence ne dit mot,
Que l'âme s'endort
Que le cœur soupire.

Derrière la porte fermée.
Les murs blancs muets
Les chaises s'ennuient.

J'attends...
Que le rideau se lève,
J'attends cette voix
Ce mot qui est visage.

Ce mot qui en appelle un autre,
Qui déverse des rires
Qui chante comme un oiseau
Qui rêve de vent comme un voilier.

Eternité

Un « je t'aime » suspendu
Entre la vie et la mort
Ephémère ,
Fragile.
A chaque instant,
Le bonheur s'évapore
Comme la rosée du matin.

Comme un papillon
Une fleur butine.

Les désirs, les plaisirs,
L'instant d'un mot,
A prendre, à retenir
A oublier.

Comme une étoile filante,
La vie est cette lumière
Qui éclaire l'âme
Ephémère,
Comme
Ce tournesol sans soleil.

Regards

D'un sourire à la vie
Miroir de l'âme,
De nos regards qui se croisent.
De soleil et de rêves.

Comme un lac tranquille,
Inonde mes yeux
De mots d'amour.
Si pur,
Comme un diamant
Mélange romantique,
Erotique,
Du plaisir de nos yeux.

Invitation au voyage.

Vague à l'âme

Quand la mer Emeraude
De reflets papillonne
Que presque nue,

Le vent dégrafe son corsage,
Caresse l'ombre des dunes
Aux courbes si graciles.

Et d'un geste tendre;
De caresses, de bleu et de vert
Les vagues se mélangent.

Sur le banc de mer
Pleure une Emeraude.

Rêves

Une étoile filante
Que j'ai cueillie
Dans la beauté de tes yeux.

De la magie fugace
D'un cygne blanc
Glissant sur le miroir de tes rêves.

De tes yeux émerveillés
Une étoile d'amour
Du Ciel et de la Terre.

Pique-nique romantique

Une sérénade au parfum de rose
La nature amoureuse ouvre ses bras.
Poésie de la terre, des mots si doux
Aux couleurs de Monet.

L'herbe si tendre caresse les boutons d'Or
Qui se balancent, grignotent la tendresse
De ton visage lumineux.

Les oiseaux heureux picorent quelques brins
de bonheur.
Sous le brise légère les branches dansent.

Les ricochets des feuilles
Dessinent sur l'onde,
Quelques notes d'un Adagio
Aux nuances de romances.
Le soleil nous épie,
Jaloux de nos baisers secrets.

L'arbre nuptial

18 MAI 1990
18 MAI 2020
Il y a 30 Ans…

Une perle rare
S'est glissée dans nos cœurs,
Nostalgie heureuse de trois décennies.

Précieuse,
Comme une larme de bonheur,
Comme une étoile dans la mer.
Une perle s'est glissée dans nos vies,
Comme le rêve d'un pêcheur,
Un filet de fleurs et de dentelle.

" Faire une perle d'une larme
Du poète ici-bas
Voilà sa passion
Voilà son bien, sa vie
Et son ambition "
Alfred de Musset

Promenade en poésie

De la lumière
Je vois la couleur.

De la musique
Je sens la saveur.

J'écoute les fleurs,
Les roses timides
Lentement, ouvrent
Leur corolle au soleil.
Les lilas parfument
Les ailes des abeilles,
S'excusent de leur beauté éphémère .

Les moineaux virevoltent
Flirtent dans les haies,
Piaillent quelques vers.

Le noyer prie ;
Des chapelets
d'Ave Maria, de Notre Père
S'éparpillent sur le sol.

Comme une demoiselle
Une rose rougit

Le jour bleu

Quand le ciel si bas
Pèse sur mes épaules,
Que je voudrais l'embrasser.

Quand rien ne bouge ;
Le silence de la terre
Les oiseaux cachés dans les arbres.

Comme la fin du monde
Tout est figé.

Je pense à ce jour bleu
Quand je suis né,
Les oiseaux chantaient
Les fleurs dansaient.
Comme un papillon
Je butinais ma jeunesse
Je naviguais sans boussole
De l'amitié à l'amour.

Le temps est passé
Du gris de mes cheveux,
J'ai compris mon bonheur
Qui jamais ne se ridera.

La fontaine

Du ruissellement,
Du chant des oiseaux
Aux fleurs parfumées

Le jardin de ma vie
Comme les saisons
Cultive mon âme

Rêves étranges
D'arbres, d'herbes.

Tout se mélange
L'eau et la terre
L'amour et la haine.

La fontaine
De pluie et de lumière
Eclaire l'eau
Dont je bois les poèmes.

Rêves d'une feuille

Je me souviens de ce crayon
A la mine radieuse,
Dont chaque mot
De rêve et de passion
Séduisait la feuille vierge.

J'ai souvent rêvé
De ce crayon au cœur de la terre
Qui à chaque printemps
De ces feuilles couvrait
Les nids de poèmes.

De ces crayons de couleur
Qui dessinaient les moutons,
Semaient les fleurs
Dans les nuages blancs .

De ce crayon sans gomme
Qui caressait le papier,
Ecrivait ces mots
Gravés dans ma mémoire.

Comme le sculpteur
Taille et retaille son œuvre,
Mon crayon à la mine usée
Parfois oublie ces mots.

Au fil des mots

De la pelote de ma vie
Les bouts de laine s'emmêlent

Du bout des doigts
Je démêle le temps.
Nœud après nœud
J'accroche mes souvenirs,

Mais mes rêves s'effilochent.
Mon cœur au bout d'un fil,
Balance, comme un voilier.
Au coucher du soleil
Eclairé par la lune.

A tous ceux

Qui me liront
Dans ces temps incertains.
A tous ceux qui sont petits
Qui aiment la rose.
Qui s'enivrent du muguet
Du mois de mai.

A tous ceux que j'aime
Quand la fleur est belle
Quand l'oiseau chante
Quand le soleil se lève.

A tous ceux que j'ai aimé,
Que le temps de le dire
S'est perdu dans la nuit.

A tous ceux
Qui ne me liront pas.
Que la vie d'un océan noir
Couverte de nuages gris
Pleure les souffrances.

Dans le silence
Je n'ai que des mots
Que les mains en prière.

Le jardin du poète

Taches de couleurs
D'Arles à Giverny
De Van Gogh à Monet
Des Iris aux Tournesols.

De Lamartine
Au lac paisible.

De Baudelaire à Verlaine
Je vous invite au voyage,
A poser votre regard
A entendre quelques vers.
Dans ce jardin…

** Là, tout n'est qu'ordre et beauté,
Luxe, calme et volupté ».

Coule le temps du bonheur
De la beauté de la terre
De l'amour des humains

** Charles Baudelaire
(l'invitation au voyage)

Je me souviens

De ce qu'elle m'a dit
De toi l'ami
De ces moments
Quand je t'écoutais.
De ton sourire
Comme une fleur,

Dans l'automne de ma vie
Laisse les pétales
Que je garde en souvenir
Du parfum du printemps.

Reste la douceur de tes mots
Le temps passe, les gens oublient.
Mais les souvenirs
Gravés dans mon cœur,
Restent.

Je les ai vus pleurer
Des larmes de bonheur
Je les ai vus chanter
Dans le ciel étoilé
Je les vu aimer
Comme une rose en avril.
Aujourd'hui
C'est un autre jour.

Demain,
C'est l'inconnu.
Des châteaux de sable,
Si fragiles
Coulent les souvenirs
Entre les doigts de ma vie.

Mais,
Les traces de nos pieds
La chaleur de nos mains,
Le soleil de tes yeux,
De ton sourire malicieux,
Se cachent sous les vagues de mon âme.

Ce que je suis

Cette terre d'argile et de schiste
Qui colle à mon cœur
Ce bout de terre.

Que je ne peux oublier,
Que j'étreins de mes mains
Que j'ai embrassé.

Je me suis couché sur son sein
Et le soleil brillait
Et le feuillage était vert
Et la poussière de ma vie,
Comme le printemps

Qui s'efface et renaît
Le soleil de ses yeux
Etait bleu
Comme mes rêves.

Mon arbre de Pâques

J'ai perdu ma plume
Qui s'est envolée
Dans un arbre au vent léger.

Fragile
Comme la vie
Qui ne tient qu'à une branche.

Le printemps
Un poème
Des fleurs, des mots sont peu de choses
Mais vos rêves
Resteront dans mon cœur.
Mon arbre de Pâques
De votre amour
Je l'ai décoré
Simplement
Comme je suis partis.
De la solitude des derniers jours.

.

Ils sont partis

Un jour d'hiver
Quelques traces de pas
Sur un lit de neige.

Ce vieux cimetière
De leur amour se souvient
Comme un chemin de croix,
Les arbres s'inclinent.

D'une ombre caresse leurs âmes,
Le chemin abrupte
De schiste couvert
Cache les pas des souvenirs.

De leur mémoire.
Le nuages touchent le ciel
Retiennent leurs larmes.
Quelques rayons de soleil
Eclairent une rose blanche.

Au bord de mer

Que je me rappelle,
Ce temps passé
Où je perdais mon temps.

Je rêvais d'elle
Quand la mer silencieuse
Caressait la plage
Que le sable chaud
Enlaçait nos corps.

Que la brise
D'une harpe mélodieuse
Jouait dans ses cheveux.

Que je me souviens
Que le vent était beau
Quand il soufflait
Les soupirs des amants.

Quand la mer
De ses bras d'écume
Berçait nos rêves
Que les voiles emportaient
Dans un océan de printemps.

Le train de la vie

Ce train que nous prenons
Au départ de la vie
Imperturbable de gare en gare.
Comme le temps les rails défilent.

Comme les saisons
De pluie, de soleil
De bonheur, de tristesse
Le train suit son chemin.

Les portes s'ouvrent,
Se ferment à chaque gare
Certains pour un long voyage
D'autres pour un adieu .

Mais reste de nos souvenirs
Ce voyage
Au goût de vacances.

La vie est belle

Comme une fleur au printemps
Goûte la rosée du matin,
Une larme de lumière,
Un baiser de soleil.
Comme l'oiseau,
Comme le vent,
Comme les étoiles
Dans les yeux d'un enfant.

La vie est belle
Comme les doigts de l'amour
Caressent le temps
D'une douceur éternelle.
Quand un mot bleu,
Quand un regard,
Quand un sourire
Effleurent l'âme.

La vie est belle
Quand dans tes yeux
De ciel bleu se baigne
Sur le sable chaud.
Comme un papillon
Comme l'aile de l'oiseau
Comme le miroir de l'eau
Berce une libellule.

Quelques mots d'amour

D'une rose, d'un papillon
A la terre, au ciel, aux étoiles.
Quelques mots d'amour
Que parfois j'ai oubliés
De ton sourire,
Que j'ai perdu dans l'ombre.

De tes yeux,
Que je n'ai pas regardés
Que mon cœur a égarés.
Ces mots qui pleurent le bonheur,
Ces lèvres qui veulent embrasser.

Quelques mots d'amour.
Comme la maman donne la vie,
Comme l'oisillon dans le nid.
Comme une étoile dans le nuit,
Avant de s'éteindre.

Combien

J'ai pleuré
Quand je disais
Maman.
Qu'elle me répondait
Monsieur.

Que je ne savais
Que faire.

Ces je t'aime
Qui se perdaient
Dans sa mémoire.

Ces je t'aime
Qu'elle m'avait appris.

Que de souvenirs
Que de tristesse
De ces je t'aime perdus.

Mirages

Un brouillard de coton
Entoure son cœur
Comme un voiler perdu
Cherche son équipage.

De ses yeux
je ne vois qu'une esquisse
Notre amour s'évapore.

De ses lèvres
Je cherche les délices.

Tout est gris et silence
Des ombres, des prisons
Des sorcières dévorent mes fenêtres.

Sur ma feuille blanche
L'encre se décolore.

Le ciel est si bas
Que je touche la lune
Et je ne peux l'embrasser.

La tulipe noire

Ecrire l'amour
Ecrire une femme.
Enchaînée,
Mon âme pleure
D'une fleur du mal
Aux souffrances de Verlaine.

D'un bateau ivre
Mes vers se perdent dans l'océan
Le ciel boit mes silences
L'enfer brûle mes rêves.

Que serai-je sans toi
Sans le parfum du soleil,
Sans l'amour d'une femme.

Solitude

Ma vie est ce jardin
Où voyagent les saisons.
D'ombres et de lumières
Les chemins se croisent
De bleu, de rose, de vert.

Tout est clair
Tout est simple.

Au coucher de soleil
Quand les étoiles apparaissent
Tout s'arrête.

Reste le bonheur d'être seul.
Une heure, une minute

Pour aimer, pour rêver
Pour cacher quelques mots secrets
Sous un manteau discret.

Brise d'automne

Comme la rosée du matin
Comme le souffle du vent
Avant la tempête,
Avant le soupir
Avant le cri de l'oiseau,

J'enlèverai le masque
De ce temps sans visage.

Comme une porte du ciel,
D'un sourire de lumière
Aux creux de tes lèvres.

De quelques mots
D'une musique sans parole,
D'un papillon qui se pose,
D'une symphonie de tes yeux
D'un baiser avant le je t'aime,

Sur tes lèvres,
J'écrirai un poème.

Les yeux de son âme

Un regard suffit
De ses yeux qui parlent
Qui allument les flammes.

Du rêve de l'âme
Dans l'infini du ciel
Des silences des mots
Des courbes de ses cils.

Dans la nuit de mes rêves
D'une primevère,
Elle essuie les larmes de rosée.
Sur l'océan se penche
Où les astres chavirent
Sous les vagues de son cœur.

**Elle a toujours les yeux ouverts
Et ne me laisse pas dormir,
Ses rêves en pleine lumière
Font s'évaporer les soleils...
(Mourir de ne pas mourir)**
** Paul Eluard

Le jardin des souvenirs

Rêve mon Amour
Fleuri mes rêves
Comme un bouquet

De tes yeux
Je cueille la rosée
Du bonjour de l'oiseau
De la main de l'ami
Fleuri un œillet.

Si fragiles ces souvenirs
Des fleurs sauvages
Que cueillait mon père
Que j'offrais à ma mère.

Et ma vie s'emplit
De ces souvenirs.

Des parfums de mon enfance
Une seule pétale de rose
Glisse sur le clavier
D'un piano mélancolique
Comme un baiser du passé.

Le poète esseulé

Je regarde tomber le temps
Les bras du canapé, indifférent
Oublient nos étreintes.

Je caresse ton ombre,
J'ai froid d'amour,
Les empreintes de tes doigts,
S'effacent.

Ma plume pleure
Rature les mots
Pages froissées,
Perdues dans ma mémoire.

Les étoiles tombent
Comme la neige au soleil,
Mes rêves fondent.

Au clair de la lune

De mon enfance
De ce jardin secret
A l'enchantement de silence.

La nuit, une chanson douce
D'ivresse et de frissons
Sous mes rêves sommeille.

Comme la lune
Sous l'étreinte du soleil
Mon âme capricieuse vagabonde.

De bohème, de fantasmes,
De chimères, de poèmes,

Mes nuits du croissant de lune
Au paradis de mon enfance
Fredonnent cette chanson.

Être

Lucien, c'est bien,
Dame ! être Scheer,
c'est déjà mieux.

Mes aïeux n'avaient pas froid aux yeux.
Et ma Mère, elle était Dominique,
Elle était Catholique,
ce qui est bien.

Ce qui est mieux,
elle était Ardennaise .

Ma Grand-mère , Verlaine
Comble de veine,
pour un poète,

Quoi de mieux pour briller.
Nul ne le sait ,
A quoi bon insister.

Je suis né à Raeren,
Nul ne s'en souvient,
peu de temps je suis resté.
A quoi bon en parler.

Table des matières

La montagne	9
Les mains	10
Lever de soleil	11
Bouquet de Lys	12
Poème pour elle	13
Avec le temps..	14
Les pas	15
La veilleuse	16
Le lac blanc	17
Adagio d'hiver	18
Frissons	19
Après nous	20
La vie	21
Le Mont Blanc	22
Tu es ma femme	23
Les racines de l'espoir	24
Féerie d'hiver	25
Amour perdu	26
Il neige	27
L'ennui	28
Je ne sais pas	29
Strip-tease	30
La tourmente	31
Partir	32
Le poème inachevé	33
Le flambeau	34
Lego	35
Aime-moi	36
Imagine	37
Thriller	38

Quand	39
Seul	40
L'arbre	41
Nature morte	42
Périple d'une larme	43
L'âme du poète	44
Adagio d'ombre et de lumière	45
Nous pour eux	46
Combien d'étoiles?	47
Tant	48
Brouillard	49
Le chemin	50
Balade en liberté	51
La rose d'automne	52
Ode	53
La feuille blanche	54
La poésie	55
La dernière branche	56
Entre les lignes	57
Je vous écris	58
Si j'avais un marteau	59
Canicule	60
Que je sois	61
Être femme, être homme	62
Ils disent	63
Tu n'es pas	64
Ma plume	65
Mes poèmes	66
L'amour	67
La solitude	68
Pin-up girl	69
La bibliothèque	70
Être beauté	71
Le refuge du Poète	72

Pleine lune	73
L'arbre murmure	74
Ecrire	75
A ton réveil	76
Le violoniste bleu	77
Où sont allées	78
Le bus romantique	79
Comment oublier	80
La vigne rouge	81
Poker menteur	82
La poésie	83
Au son d'un violon	84
Et pourtant...	85
L'attente	86
Eternité	87
Regards	88
Vague à l'âme	89
Rêves	90
Pique-nique romantique	91
L'arbre nuptial	92
Promenade en poésie	93
Le jour bleu	94
La fontaine	95
Rêves d'une feuille	96
Au fil des mots	97
A tous ceux	98
Le jardin du poète	99
Je me souviens	100
Ce que je suis	102
Mon arbre de Pâques	103
Ils sont partis	104
Au bord de mer	105
Le train de la vie	106
La vie est belle	107

Quelques mots d'amour	108
Combien	109
Mirages	110
La tulipe noire	111
Solitude	112
Brise d'automne	113
Les yeux de son âme	114
Le jardin des souvenirs	115
Le poète esseulé	116
Au clair de la lune	117
Être	118

Du même auteur :

Adagio Bellissimo
Autoédité 2018
ISBN : 978-90-829-5752-4

Adagio d'ombre et de lumière 2020
Édition : BoD-Books on Demand Paris
ISBN : 978-2-3222-5993

Mots de l'auteur

C'est une plume d'ange
Chaque jour
Elle écrit
Tes joies et tes peines
C'est un poème
Dans un ciel bleu
C'est une vie
Qui s'écoule
Comme un ruisseau
Qui chante le temps

Lucien Scheer

Citations

*«Les étoiles sont éclairées pour que chacun puisse un jour retrouver la sienne.
Et j'aime la nuit écouter les étoiles.
C'est comme cinq cents millions de grelots.»*
Antoine de Saint Exupéry

*«La poésie n'a pas de pays,
elle est les étoiles de l'amour.»*
Luciano

*«Les mots d'un cœur d'enfant
sont les plus beaux mots d'amour.»*
Luciano

*«Le verbe AIMER est difficile à conjuguer,
son passé n'est pas simple son présent
n'est qu'indicatif et son futur est
toujours conditionnel»*
Jean Cocteau

*«Assieds-toi au pied d'un arbre et avec le
temps, tu verras l'univers défiler devant toi.»*
Proverbe africain